Generis
PUBLISHING

Aplicación de Multi Asiento implementado con Software Libre

Valente Torija Pérez
José Luis Hernández Corona
Lilián Díaz Urbiña

Title: ***Aplicación de Multi Asiento implementado con Software Libre***

ISBN: 979-8-89966-120-4

Author: Valente Torija Pérez, José Luis Hernández Corona,Lilián Díaz Urbiña

Cover image: www.unsplash.com

Publisher: Generis Publishing
Online orders: www.generis-publishing.com
Contact email: info@generis-publishing.com

Aplicación de Multi Asiento implementado con Software Libre

MNTA Valente Torija-Pérez, Instituto Tecnológico del Altiplano de Tlaxcala, Ixtacuixtla, Tlaxcala, México, torijavalente@itat.edu.mx, https://orcid.org/0009-0001-5536-7200

Dr. José-Luis Hernández-Corona, Universidad Tecnológica de Tlaxcala, Huamantla, Tlaxcala, México, coronaluis@uttlaxcala.edu.mx, https://orcid.org/0000-0001-9209-9287

Lic. Inf. Lilián Díaz-Urbiña, Instituto Tecnológico del Altiplano de Tlaxcala, Ixtacuixtla, Tlaxcala, México, diazlilian@itat.edu.mx , https://orcid.org/0009-0004-4517-6357

Abstract

The increasing accumulation of electronic waste due to the rapid obsolescence of electronic devices represents a significant environmental challenge. This study addresses the problem by proposing the use of the "Multi Seat" architecture, which is an innovative solution that combines free software and hardware reuse to generalize access to technology, aligning with environmental and social objectives and free software, reduce waste and improve access to technologies in low-income sectors, especially in educational institutions and vulnerable communities. In this research the "Multi Seat" architecture was implemented with free software Ubuntu 22.04, using a low-end computer with the GNU/Linux operating system. To extend the useful life of obsolete equipment. Wayland and X.org graphics servers were used to enable a multi-user environment controlled by the Systemd resource manager. This configuration allows efficient allocation of hardware resources to multiple users simultaneously, taking advantage of reused components and minimizing the need to purchase new devices. The prototype developed demonstrated that it is possible to create a multi-user work environment using a single piece of equipment. This not only extended the useful life of the computers, but also showed a reduction in the generation of electronic waste and improved accessibility to technology. The "Multi Seat" architecture with free software is a viable and sustainable solution to reduce the environmental impact of electronic waste, allowing the creation of efficient and accessible work environments in vulnerable sectors. This initiative not only promotes technological sustainability, but also facilitates access to communication and learning tools, expanding educational opportunities and improving digital inclusion.

Keywords: electronic waste, free software, technological sustainability.

Índice

Índice de tablas

Índice de figuras

Resumen

La creciente acumulación de residuos electrónicos como resultado de la rápida obsolescencia de estos equipos, representa un desafío ambiental significativo. Este estudio aborda la problemática proponiendo el uso de la arquitectura "Multi Asiento", como una solución innovadora que combina **software libre y reutilización de hardware** para generalizar el acceso a la tecnología, alineándose con objetivos ambientales, sociales, reducir desechos y mejorar el acceso a tecnologías en sectores de bajos recursos, especialmente en instituciones educativas y comunidades vulnerables. En este proyecto se implementó la arquitectura "Multi Asiento" utilizando la distribución GNU/Linux Ubuntu 22.04 LTS (Long Term Support), ejecutada en un ordenador de gama baja, permitiendo extender la vida útil del hardware considerado obsoleto. Se emplearon simultáneamente los servidores gráficos Wayland y X11 para habilitar un entorno multiusuario, aprovechando la gestión de recursos y sesiones proporcionadas por systemd. Esta configuración permite asignar eficientemente recursos hardware a más de un usuario de manera simultánea, aprovechando componentes reutilizados y minimizando la necesidad de adquirir nuevo hardware (Gabinete, procesador, Memoria RAM, Almacenamiento, entre otros). El prototipo desarrollado demostró que es posible crear un entorno de trabajo con varios usuarios utilizando un solo equipo como ordenador central. Esto no solo extendió la vida útil de los ordenadores, sino que también mostró una reducción en la generación de residuos electrónicos y una mejora en la accesibilidad a la tecnología. La arquitectura "Multi Asiento" es una solución viable y sostenible, permitiendo la creación de entornos de trabajo eficientes y accesibles en sectores vulnerables. Esta iniciativa no solo promueve la sostenibilidad tecnológica, sino que también facilita el acceso a herramientas de comunicación y aprendizaje, ampliando las oportunidades educativas y mejorando la inclusión digital.

Palabras clave: residuos electrónicos, software libre, sostenibilidad tecnológica, GNU/Linux, medio ambiente, inclusión digital.

1. Introducción

En un mundo donde la basura electrónica es uno de los residuos de más rápido crecimiento, proyectos como este, propician soluciones viables para reducir el desperdicio tecnológico y democratizar el acceso a la computación. Esta propuesta explora cómo sistemas innovadores basados en Software Libre y hardware reutilizado, pueden optimizar recursos, disminuir costos y mitigar el impacto ambiental.

Este esfuerzo, es el resultado de una alianza estratégica entre el Tecnológico Nacional de México (TecNM) específicamente el Instituto Tecnológico del Altiplano de Tlaxcala (ITAT) quienes a través del convenio de colaboración con Cerrando el Circuito Verde A.C. (CECIVE), Sitio Web https://www.cecive.org.mx y la Universidad Tecnológica de Tlaxcala (UTT), han unido capacidades académicas, técnicas y de redes de colaboración. Esta participación tripartita (academia – empresa – sociedad) ha sido fundamental para transformar residuos electrónicos en oportunidades digitales.

El ITAT, contribuye con su linea de investigación informática aplicada y desarrollo tecnológico, mientras que CECIVE A.C. ejecuta su modelo de economía circular mediante la remanufactura de equipos donados por empresas, gobiernos y ciudadanos. Juntos, han demostrado que equipos considerados obsoletos pueden convertirse en soluciones funcionales para comunidades vulnerables mediante este proyecto.

Este documento no solo es una guía técnica, sino un testimonio de como la colaboración interinstitucional con raíz en el sector público educativo y con alcance social puede generar innovación con impacto tangible. Invitamos a replicar este modelo, en donde cada actor aporta lo mejor de su experiencia: la academia mediante el conocimiento, empresas con recursos y la sociedad civil con acción transformadora.

La rápida evolución de las tecnologías y el consumo masivo de dispositivos electrónicos han generado un incremento considerable de estos residuos, lo que constituye un problema crítico para la sostenibilidad medioambiental y la equidad tecnológica. Según estudios recientes, los residuos electrónicos crecieron a una tasa anual del 3-4%, con más de 50 millones de toneladas generadas en todo el mundo en 2021 [8]. Este fenómeno ha impulsado la búsqueda de soluciones tecnológicas que no solo mejoren el acceso a las tecnologías, sino que también reduzcan su impacto ambiental, especialmente en contextos de recursos limitados. La existencia de la obsolescencia creciente en hardware y el acceso limitado a la tecnología en instituciones educativas, nos pone a la vanguardia al realizar proyectos de investigación para su reutilización mediante software libre, maximizando recursos y reduciendo desechos electrónicos.

La arquitectura "Multi Asiento", permite que varios usuarios compartan un único ordenador central, optimizando el uso de recursos de hardware y reduciendo la necesidad de adquirir nuevos dispositivos [9]. Además, al emplear software libre, se favorece una mayor personalización y control sobre los recursos del sistema, lo que refuerza la accesibilidad tecnológica en sectores vulnerables, tales como instituciones educativas en países en desarrollo [11]. El estudio aquí presentado implementa esta arquitectura reutilizando un ordenador de gama baja y utilizando servidores gráficos Wayland y X11, gestionados mediante la utilidad Systemd para asignar los recursos de hardware de forma eficiente. Los resultados obtenidos demuestran que esta solución es viable no solo para reducir la generación de residuos electrónicos, sino también para extender el ciclo de vida del hardware, contribuyendo así a disminuir la brecha tecnológica y el impacto ambiental [10].

Se propone una metodología integral para evaluar la arquitectura Multi Asiento como solución sostenible, estructurada en cuatro fases adaptables a contextos educativos y comunitarios, Diseño experimental transversal, Evaluación de sostenibilidad, Métricas de desempeño, e Integración pedagógica. Evaluando la viabilidad técnica de la arquitectura para extender la vida útil de equipos informáticos en instituciones educativas de bajos recursos, reduciendo la generación de residuos electrónicos (e-waste). La tabla 1, muestra una comparación de trabajos previos con otros autores, sus resultados clave y la problemática de sus investigaciones, así como la diferencia con lo aquí propuesto.

Tabla 1: Comparativa de enfoque con otros autores.

Autor/Año	Enfoque	Resultados Clave	Problemática de la investigación	Diferencia con el Proyecto Actual
Stallman, (2002)	Filosofía del software libre	Ventajas éticas y económicas del Open Source.	No aborda implementaciones técnicas.	Se aplica su filosofía para justificar el uso de Ubuntu y herramientas libres.
Bahr & Franco, (2012)	Multi-Asiento con X.org en Linux	Logró 4 usuarios/PC en entornos educativos.	Requería hardware dedicado (GPUs separadas).	Usa Wayland + Systemd, optimizando recursos en hardware más limitado.
Forti et al. (2020)	Métricas globales de e-waste	53.6 Mt de e-waste generado en 2019.	No propone soluciones técnicas.	Cuantifica e-waste evitado por equipo reutilizado (1.5 kg).
Gherghel et al., (2021)	Extensión de vida útil con Multi-Asiento	Redujo un 40% de e-waste en empresas.	Enfocado en entornos corporativos, no comunidades vulnerables.	El estudio actual prioriza escuelas y sectores de bajos recursos con software libre.
Sánchez et al., (2023)	Reutilización de hardware con Ubuntu	60% menos energía vs. equipos nuevos.	No evaluó accesibilidad en contextos educativos.	Se midió el impacto social (encuestas a usuarios) y eficiencia en tareas reales.
Alonso-Marín et al., (2024)	Optimización de recursos con PIM (Processing-In-Memory)	Mejora eficiencia en sistemas embebidos.	Hardware especializado, no accesible para reutilización.	Usa hardware estándar obsoleto, sin requerir inversión en tecnología nueva.

El fundamento principal de este proyecto, es una alternativa a la recuperación de equipos informáticos que incide directamente al cómputo verde o al cálculo verde, por lo que es posible identificar equipos específicos y reincorporarlos para darles una siguiente oportunidad de ser reutilizados.

2. Materiales y equipos

En este estudio, se desarrollo un proyecto tecnológico que constituye una alternativa en la recuperación de hardware, lo que impacta en crear directamente ambientes tecnológicos sostenibles que procuren el cuidado al medio ambiente, mediante aplicaciones de Tecnologías de la Información y Comunicaciones Verdes (TIC verdes), que conllevan a beneficios adicionales como el reducir la huella de carbono, reducir el uso de materiales peligrosos, maximizar la eficiencia energética de las TIC, gestionar los residuos de manera responsable, de igual manera, reducir costos, escalabilidad, actualizaciones continuas y productividad para los usuarios, pero aún más importante, generar una menor cantidad de residuos electrónicos, prolongar los ciclos de utilidad de los ordenadores y reducir emisiones de gas efecto invernadero como se presenta en la figura 1.

Figura 1: Selección de desechos electrónicos para integrar arquitectura Multi Asiento.

Este proceso inicia con la identificación y evaluación de hardware en buenas condiciones de funcionamiento, las características que lo integran se describe en la tabla 2.

Tabla 2: Hardware para Multi Asiento (ordenador central)

Cantidad	Descripción
1	Ordenador HP Pavillion Slimline.
1	CPU AMD Athlon (tm) II X2 220 Processor, velocidad 2.80 Ghz, en memoria cache dispone de 512 Kb.
1	Disco duro marca kingston de 1 TB de almacenamiento.
1	Unidad lectora HP DVD Lightscribe.
1	Memoria RAM instalada 8 GB.
1	BIOS ver 8.0.
1	Monitor Samsung Modelo 933SNPLUS 17".
1	Monitor LG FLATRON Modelo L117WSB 17".
2	Ratón easyline Modelo EL-993377.
1	Teclado HP P/N 505060-161.
1	Teclado Logitech Deluxe 250 keyboard M/N-Y-SAF76.

El hardware que integra el Motherboard Intel, se describe en la tabla 3 (parte posterior) y tabla 4 (frontal):

Tabla 3: Hardware parte posterior

Cantidad	Descripción
1	Tarjeta de video integrada marca Intel.
4	Cuatro puertos USB.
1	Un puerto de red 100/1000 Mbps.
1	Tarjeta de sonido integrado.

Tabla 4: Elementos parte frontal

Cantidad	Descripción
1	Lector DVD.
1	Lector de tarjetas SD.
2	Puertos USB.
1	Entrada para audífonos.

La descripción anterior, corresponde a un ordenador HP de gama baja del año 2014, para tareas de productividad básicas entre las cuales se encuentra navegación, correo electrónico, ofimática y consumo multimedia básico. Equipo en condiciones de funcionamiento adecuado para la implementación de este proyecto.

El siguiente proceso es analizar las posibilidades o condiciones que se tienen para implementar el Multi Asiento, iniciando con el planteamiento de cuántos asientos/usuarios puede soportar el CPU del ordenador. Tras analizar y evaluar las especificaciones técnicas del ordenador propuesto, se determina que este cumple los requisitos para soportar, como mínimo, un Asiento adicional (seat1). Un "Asiento o seat" en este contexto se define como una sesión de usuario independiente, con su propio conjunto de periféricos: monitor, teclado y ratón, conectados al mismo ordenador físico.

De acuerdo al contexto anterior, es necesario para poder establecer un Asiento adicional un segundo Monitor, por lo que se debe adquirir una tarjeta de video para ser montada en el Motherboard del ordenador ya que solo dispone de una salida de video integrada, respecto a las conexiones de tipo USB para teclado y ratón no se requieren adicionales ya que el equipo dispone de las interfaces necesarias para los periféricos.

Especificaciones de tarjeta de video

Tarjeta de video MSI, modelo N210-MD1G/D3 con salidas de video VGA, HDMI y SVGA, es el hardware disponible para ser utilizado, ver figura 2.

Figura 2: Tarjeta de video.

Fuente: https://latam.msi.com/Graphics-Card/N210-MD1GD3/Specification

La tarjeta MSI sirve para mejorar el rendimiento del ordenador, dependiendo de su tipo. MSI es una reconocida marca que fabrica hardware para gaming y productividad. A continuación, se explica cómo funciona:

La Tarjeta Gráfica MSI (GPU), mejora el rendimiento en juegos, edición de video, renderizado 3D y otras tareas gráficas. Permite jugar en resoluciones altas (1080p, 4K) con mejores FPS (cuadros por segundo).

Su funcionamiento inicia al conectarla al puerto PCIe x16 de la placa base. Procesa imágenes y las envía al monitor, liberando carga del procesador (CPU). Ver figura 3, gestiona la comunicación entre el procesador, la RAM y otros dispositivos. Usa chipsets (Intel Z790, AMD B650) para definir sus capacidades.

Figura 3: Tarjeta MSI instalada en el ordenador.

2.1. Arquitecturas

Las arquitecturas de referencia para este prototipo tienen origen en el modelo de John Von Neumann, ver figura 4, matemático húngaro – estadounidense [1][2][7], Este modelo propuesto por el matemático Neumann en 1945, es la base de la arquitectura de casi todos los ordenadores modernos. Sus fundamentos clave son:

a) Almacenamiento de programa y datos en una misma memoria, tanto las instrucciones (programa) como los datos se guardan en la misma memoria principal (RAM). Esto permite que las instrucciones sean tratadas como datos, facilitando la modificación dinámica de programas.
b) Su estructura consta de cuatro componentes principales, Unidad Central de Procesamiento (CPU): es la que ejecuta instrucciones y procesa datos. Memoria Principal (RAM): Almacena programas y datos temporalmente. La Unidad de Entrada/Salida (E/S): permite la comunicación con periféricos (teclado, monitor). Además del Bus de Sistema que interconecta el CPU, Memoria RAM y dispositivos de E/S para transferir datos y señales de control.
c) Ejecución Secuencial de Instrucciones (Ciclo Fetch-Decode-Execute), el CPU sigue un ciclo repetitivo: Fetch (Obtención), lee la siguiente instrucción desde memoria. El Decode (Decodificación), interpreta la instrucción. Y por último, Execute (Ejecución): Realiza la operación (cálculo, acceso a memoria).
d) Principio de Programación Almacenada, donde las instrucciones se almacenan en memoria y se ejecutan en secuencia, aunque pueden incluir saltos condicionales (bucles, llamadas a funciones).
e) El Cuello de Botella de Von Neumann, dado que el CPU y la Memoria RAM comparten el mismo bus, el ancho de banda es limitado, lo que puede ralentizar el rendimiento, problema que puede ser mitigado con Memoria Caché y arquitecturas paralelas.

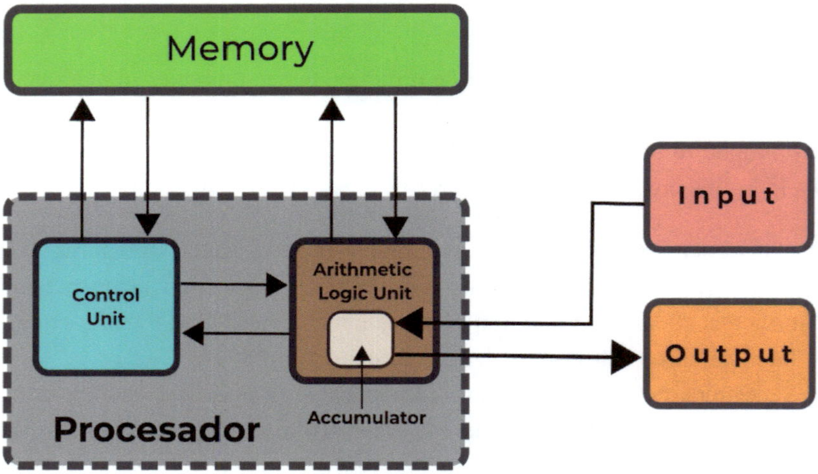

Figura 4: Modelo de John Von Neumann.

Las Arquitecturas Híbridas combinan aspectos del modelo de Neumann (memoria unificada para datos e instrucciones) y del modelo Harvard (memorias separadas). Una implementación común es la arquitectura Harvard modificada, utilizada en CPUs modernas para mejorar el rendimiento.

Donde la memoria principal unificada, pero con Cachés separadas a nivel físico, la Memoria RAM sigue el modelo de Neumann que almacena datos e instrucciones juntos. Sin embargo, la CPU incluye Memorias cachés separadas para instrucciones (L1i) y datos (L1d), acelerando el acceso.

Las ventajas del enfoque Híbrido, nos da mayor paralelismo, la CPU puede buscar instrucciones y datos simultáneamente para evitar conflictos en el bus. Además de llevar a cabo una reducción del cuello de botella, la caché L1 reduce la congestión al acceder a la RAM. otorgando con esto una flexibilidad, que mantiene la compatibilidad con software diseñado para la arquitectura Neumann.

Servidores Gráficos

Los servidores Gráficos, "Wayland vs. X11", son sistemas que gestionan la visualización de interfaces gráficas en Linux/Unix. La X.org (X Window System), es una arquitectura cliente-servidor, el servidor X maneja la salida gráfica para entradas (teclado/ratón). Los programas (clientes) se comunican con el servidor mediante el protocolo X11, incluso en red, proporciona alto nivel de compatibilidad, con soporte para aplicaciones remotas, lo que permite ejecutar GUI en otra máquina.

Wayland, proporciona una arquitectura moderna y simplificada, elimina el servidor centralizado, cada aplicación "cliente" dibuja directamente en el compositor (Weston, KWin, Mutter). El compositor gestiona ventanas, composición gráfica y entradas, lo que nos permite tener menor latencia y mejor rendimiento, mayor seguridad mejorada y aislamiento entre aplicaciones, con soporte nativo para tecnologías modernas (HiDPI, VRR).

Las arquitecturas híbridas como Harvard modificada y los servidores gráficos reflejan la evolución hacia sistemas más eficientes donde la caché separa instrucciones y datos. así como los Servidores gráficos de ventanas Wayland y X.org [3], ver figura 5.

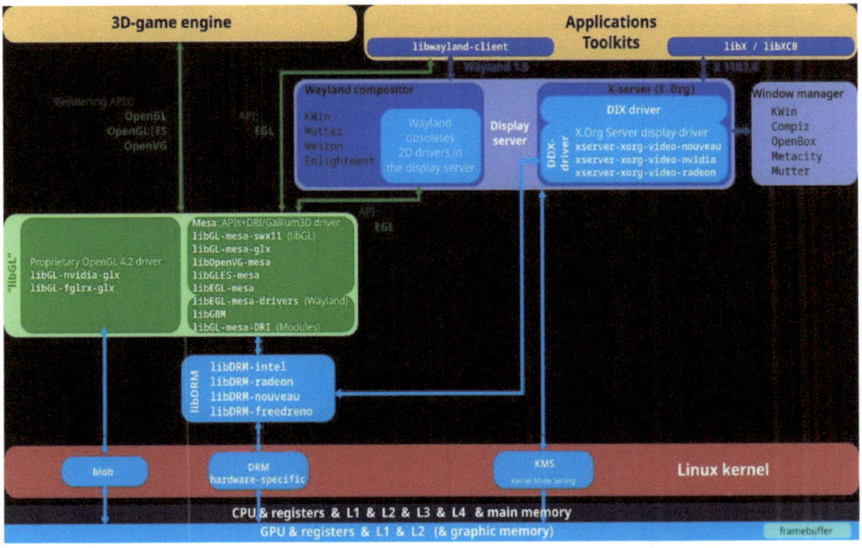

Figura 5: Arquitectura Servidores gráficos Wyland, X.

Fuente: Kernel Recipies. (2014), Arquitectura Servidores gráficos Wyland, X Atribución: Shmuel Csaba Otto Traian.

2.2. Estructura de Systemd

Systemd es un sistema de inicio (init) y administración de servicios en Linux que reemplaza a SysVinit. Su estructura se basa en unidades (units), que son archivos de configuración (con extensión .service, .socket, .mount) se definen como los que gestionan servicios, dispositivos, puntos de montaje y otros recursos. Estas unidades se organizan en directorios como /etc/systemd/system/, que son configuraciones personalizadas y /usr/lib/systemd/system/, son unidades predeterminadas. Systemd utiliza un daemon principal que controla el arranque en paralelo, para dependencias entre servicios, y se comunica con herramientas como systemctl para gestionar (iniciar, detener o habilitar) servicios. Además, integra características como journald (registro centralizado de logs) y cgroups para aislar procesos. Su diseño busca mayor eficiencia y centralización en la administración del sistema.

Para el desarrollo del proyecto se emplearon las siguientes utilidades administradas y gestionadas por Systemd, de las cuales se destaca *Systemd Utilities* donde se ubica el comando *loginctl* [6], el cual permite llevar a cabo la detección y asignación de recursos hardware de E/S a cada Asiento (seat), ver figura 6.

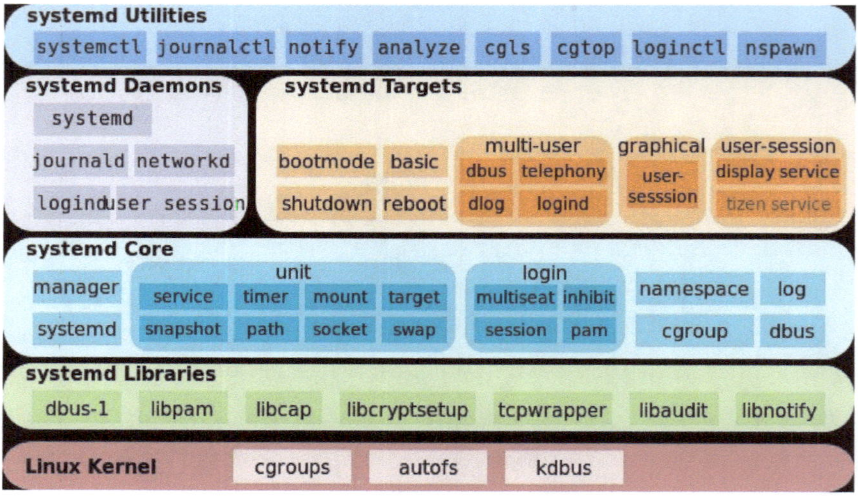

Figura 6: Systemd en sistemas GNU/Linux.

Fuente: Córdoba, D., (2018). Systemd: ejecutando un script al inicio de GNU/Linux. https://juncotic.com/systemd-ejecutando-un-script-al-inicio-de-gnu-linux/

Es importante mencionar que la arquitectura Multi Asiento propuesta es compatible con la mayoría de arquitecturas hardware actuales a excepción de tarjetas de video

Nvidia por el tema de controladores privativos [4]. Puede implementarse y escalarse no solo a través de ordenadores recuperados (reciclados), sino que puede establecerse también en ordenadores de recientes tecnologías en Procesador (CPU), Memoria RAM, Puertos USB, Motherboard, en especial esta última con soporte de bahías de expansión para implementar tarjetas de video con GPU a excepción de tecnología Nvidia por lo antes citado.

A continuación, se presenta el establecimiento de esta Arquitectura Multi Asiento en un *escenario ideal* y propicio para cuatro usuarios con sus respectivas sesiones, disponiendo de acceso a internet e impresión de documentos, como se puede observar en la figura 7.

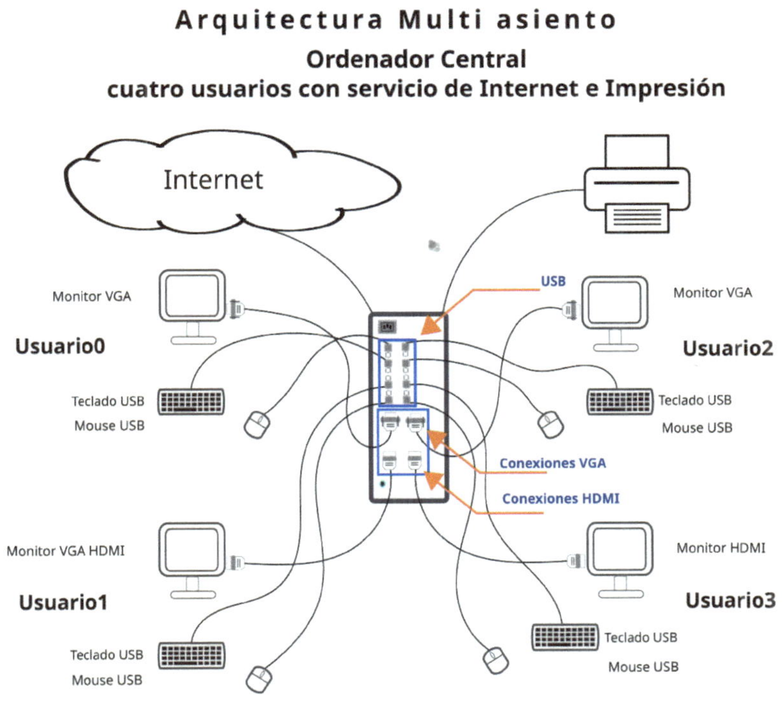

Figura 7: Arquitectura Multi Asiento con un ordenador central con tecnologías recientes.

3. Método experimental

En esta etapa se describe el proceso para la configuración y evaluación de un sistema con múltiples Asientos (seats) o estaciones de trabajo, en un entorno de computación compartida a través de un ordenador central evaluando el número de usuarios a soportar con su respectiva sesión y utilizando como Sistema Operativo (SO) GNU/Linux.

El diagrama se divide en varias "Fases", numeradas del 1 al 4, que guían el proceso desde el inicio hasta el resultado final.

Fase 1: Preparación del Hardware

Marca el punto de partida del proceso y selección del hardware para la implementación del sistema. En este proyecto, se utilizó un ordenador reutilizado (reused computer) con las siguientes especificaciones técnicas: Procesador AMD Athlon II, Memoria RAM de 8 GB, conexión VGA y puertos USB disponibles para conectar periféricos. Este enfoque demuestra la optimización de recursos, aprovechando equipos existentes para reconfigurarlos en un entorno funcional, reduciendo costos y promoviendo la sostenibilidad.

Fase 2: Selección y configuración del Software Base

Consistente en la instalación del SO base; después de un análisis y pruebas realizadas a otras distribuciones, se seleccionó Ubuntu 22.04 LTS (Long Term Support) como distribución GNU/Linux, garantizando soporte extendido y estabilidad ideal para entornos productivos que requieren fiabilidad a largo plazo.

Fase 3: Configuración y Validación del Entorno Gráfico Multi Asiento

Definida como la configuración y pruebas del entorno gráfico y dispositivos, esta fase se enfoca en la configuración del mismo, a través del soporte dual de servidores de visualización como Wayland y X, siendo esta configuración híbrida la que garantiza flexibilidad y compatibilidad para adaptarse a diferentes escenarios de hardware, lo cual es importante para asegurar que los entornos gráficos funcionen correctamente, especialmente en configuraciones de múltiples Asientos (seats).

El apartado de pruebas, es una fase crítica para validar la funcionalidad. Es necesario "Asignar dispositivos a Asientos con *Systemd* y *loginctl*". Los Multi Asientos o "Seats", en el contexto de Linux, se refiere a un conjunto de dispositivos de E/S (monitor, teclado y ratón) que pertenecen a una sola sesión de trabajo o usuario. La idea es permitir que múltiples usuarios trabajen de forma independiente en un solo ordenador central, cada uno con su propio conjunto de periféricos y entorno gráfico.

Systemd y loginctl: el primero es el sistema de inicio y gestor de servicios en muchos sistemas Linux, incluyendo Ubuntu. 22.04 LTS; loginctl es una herramienta de línea de comandos, parte de Systemd que se utiliza para inspeccionar y controlar el estado de inicio de sesión de los usuarios, incluyendo la gestión y asignación de dispositivos a "seats", este conjunto de herramientas es fundamental para que cada estación de trabajo funcione de manera independiente.

Fase 4: Evaluación integral final del funcionamiento del Multi Asiento

Esta etapa consiste en la verificación exhaustiva de la funcionalidad de los componentes principales para cada Asiento. Esto se realiza a través de pruebas de funcionalidad básica: comprobación de periféricos esenciales para cada estación de trabajo, verificación de dispositivos de visualización, validación de interfaces de entrada tal es el caso de teclados; ahora respecto a criterios de evaluación se evalúa la operatividad individual de cada estación de trabajo, rendimiento del sistema bajo carga de trabajo simultanea. Esto garantiza el aislamiento entre sesiones de usuario y cumplimiento de requisitos mínimos de cada usuario, finalmente detección y corrección de posibles incidencias.

Para finalizar, el contexto mencionado implica que se debe comprobar que todos los periféricos esenciales funcionan correctamente para cada usuario configurado, asegurando que todas las fases de configuración y evaluación han sido completadas exitosamente.

El proceso enfatiza la importancia de una instalación limpia, una configuración adecuada del entorno gráfico, asignación y verificación rigurosa de la funcionalidad de los periféricos para cada estación de trabajo, utilizando herramientas específicas del ecosistema Linux como Systemd y loginctl. Este tipo de configuración es factible en entornos educativos, bibliotecas, o pequeñas oficinas donde se busca maximizar el uso de un solo ordenador potente para servir a múltiples usuarios simultáneamente.

Este proyecto de investigación, tiene un enfoque experimental transversal, cuantitativo-cualitativo, elaborado en cuatro fases mencionadas en párrafos anteriores y que se muestran en la figura 8. El diagrama ilustra un procedimiento en cuatro fases para reutilizar hardware antiguo y convertirlo en un sistema Multi Asiento funcional, empleando GNU/Linux.

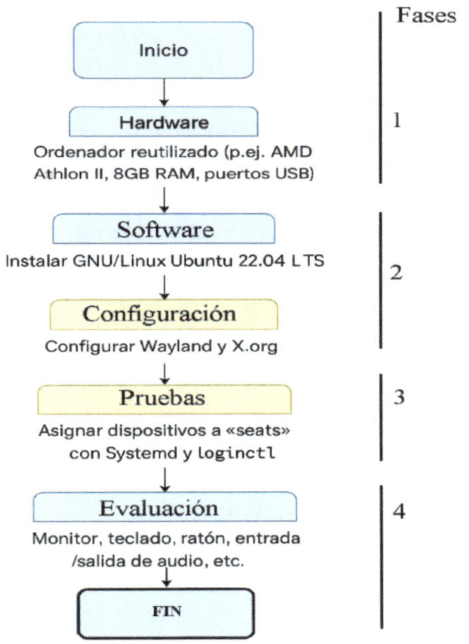

Figura 8: Diagrama de flujo de configuración Multi Asiento.

3.1 Selección del Hardware

Se emplearon equipos obsoletos, donde un solo ordenador sustituyó la necesidad de múltiples equipos, el desarrollo del presente prototipo se realizó con un ordenador de gama media HP con las características arriba descritas, adicionalmente Monitor Samsung Modelo 933SNPLUS 17, Monitor LG FLATRON Modelo L117WSB 17, ratón easyline Modelo EL-993377, Teclado HP P/N 505060-161, Teclado Logitech Deluxe 250 keyboard M/N-Y-SAF76.

El peso del ordenador empleado fue de 5.1 kg, por cada equipo reutilizado, se evitó 1.5 kg de componentes electrónicos (Gabinete, CPU, GPU, Motherboard, disco duro, fuente de alimentación). Por lo tanto con el uso de un equipo Multi Asiento se evita un 40% de e-waste.

Al aplicar la arquitectura Multi Asiento, el consumo medido fue de 420 watts para dos estaciones, por lo que se reduce el consumo de energía eléctrica de 350 watts por equipo medido. Resultando un 60% menos de consumo de energía, basado en el funcionamiento del prototipo.

3.2 Selección y configuración del software

Después de evaluar alternativas, se optó por una solución de código abierto, implementando el SO Ubuntu 22.04 LTS (distribución GNU/Linux). Durante la fase de pruebas, esta plataforma demostró un rendimiento óptimo en la gestión de entornos de trabajo simultáneos, mostrando compatibilidad tanto con el reciente protocolo Wayland así como con el tradicional sistema X11.

El análisis de la arquitectura del sistema y las pruebas de rendimiento realizadas en el ordenador central permiten determinar que la configuración actual posee capacidad suficiente para soportar al menos una estación de trabajo adicional. Esta configuración queda representada en la Figura 9, donde se detalla la disposición de los componentes y su interconexión.

Arquitectura Básica

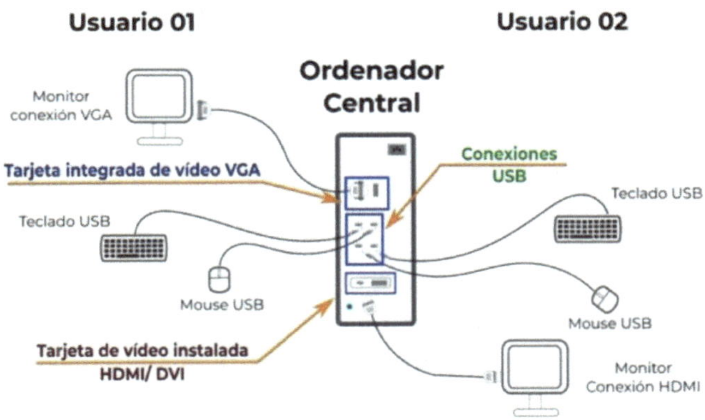

Figura 9: Diseño de la arquitectura básica.

3.3 Configuración del hardware (adaptador de video primario en BIOS, E/S)

Antes de iniciar el SO, se debe ingresar al BIOS con la finalidad de verificar la detección del hardware y opciones de video, para ello se elige la opción **Avanzada** y seleccionar ***Adaptador de video primario*** como se muestra en la figura 10, seguido se presiona **Enter**, pasando a la ventana flotante de nombre ***Options*** ver figura 11, donde se elige la opción ***Integrada***, con la finalidad de que sea posible visualizar la imagen en dos pantallas.

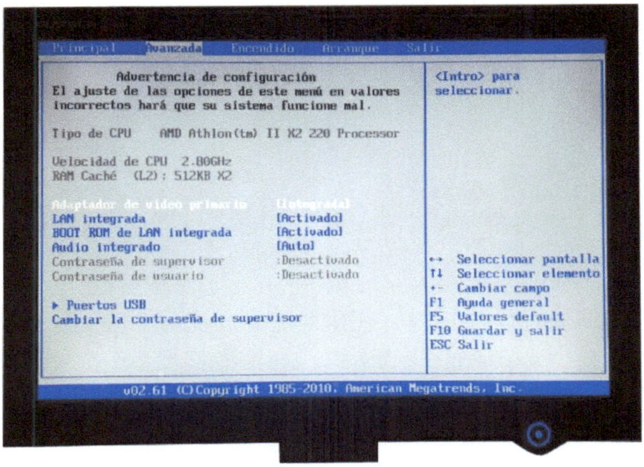

Figura 10: Adaptador de video primario - integrada.

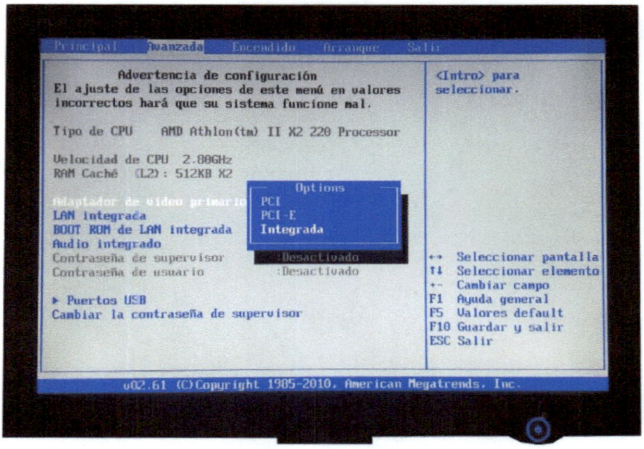

Figura 11: Ventana flotante Options eligiendo la opción Integrada.

La palabra Integrada significa que el sistema o la aplicación debe utilizar el componente de hardware que están incorporados directamente en la placa base o en el CPU (gráficos Intel/AMD, tarjeta de sonido). Esto contrasta con la opción de usar una tarjeta de expansión o un periférico externo (una tarjeta gráfica dedicada MSI/AMD Radeon, tarjeta de sonido USB).

3.3.1 Conexión de hardware para segundo asiento

El siguiente proceso es conectar los dispositivos a utilizar para el segundo Asiento, monitor, teclado y ratón en los puertos USB, así como el segundo monitor VGA conectado a la tarjeta MSI, mediante un adaptador HDMI.

Identificación de componentes conectados al Moterboard a través del BIOS

Después de reiniciar la computadora se ingresa nuevamente al BIOS, seleccionar ***Avanzada*** *y posteriormente* **Puertos USB**, con la finalidad de identificar las marcas de los componentes hardware conectados a la Motherboard como se muestra en la figura 12, para después identificarlos en el SO mediante el comando loginctl.

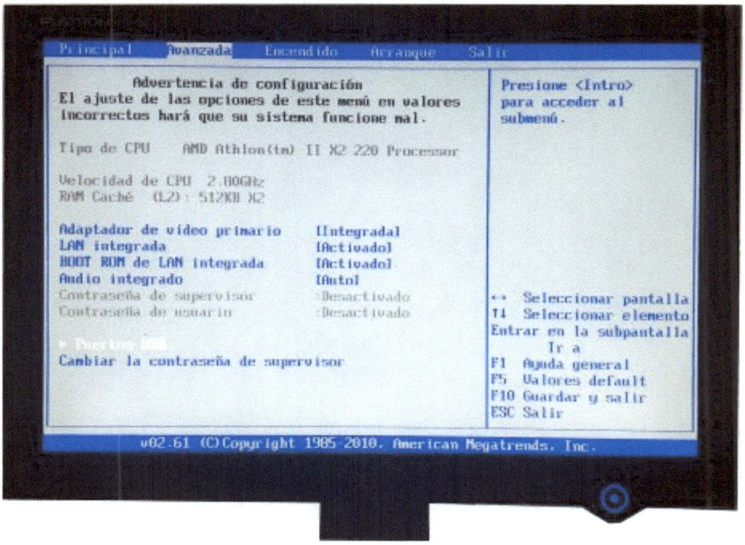

Figura 12: BIOS selección Puertos USB para identificar el hardware conectado.

3.3.2 Opción avanzada

Una vez conectados los elementos necesarios e identificadas las marcas del hardware, se debe iniciar el sistema por completo para que los reconozca, como se observa en la figura 13.

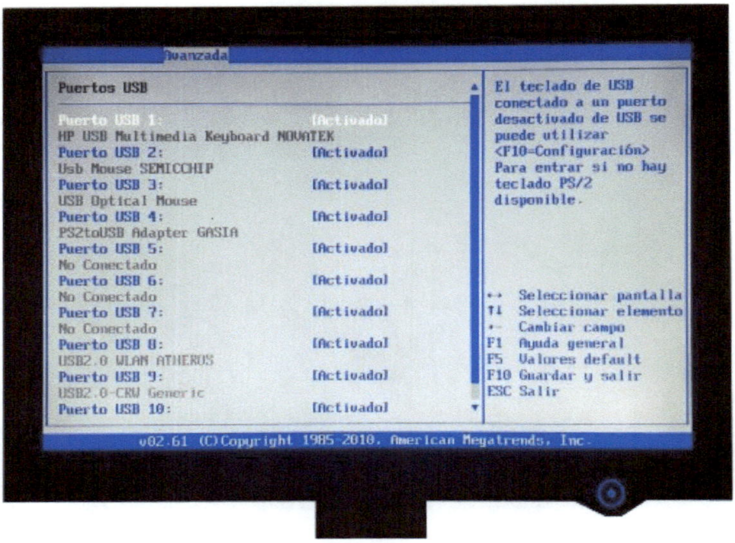

Figura 13: Opción avanzada para observar fabricantes de dispositivos.

3.4. Uso de la herramienta Ventoy

Ventoy es tecnología Open Source utilizada en la instalación del Sistema Operativo Ubuntu, es una herramienta que permite almacenar múltiples archivos ISO (imágenes de sistemas operativos como Windows, Linux, herramientas de diagnóstico, entre otras) en una sola unidad USB. A diferencia de otras que requieren grabar una ISO por dispositivo USB, con Ventoy, simplemente se realizan copias de las ISO´s a la unidad USB, y durante su uso presenta un menú de opciones para elegir el sistema operativo que desea instalar.

Para el procedimiento siguiente es necesario disponer de una memoria USB con la finalidad de instalar Ventoy, con esta aplicación se carga la imagen ISO del Sistema Operativo a emplear, posteriormente conectar este dispositivo USB al ordenador e iniciar el mismo para que cargue la interfaz del sistema Ventoy. Ver figura 14 y elegir la opción ISO, para seleccionar el sistema Ubuntu 22.04 y dar inicio al proceso de instalación del SO.

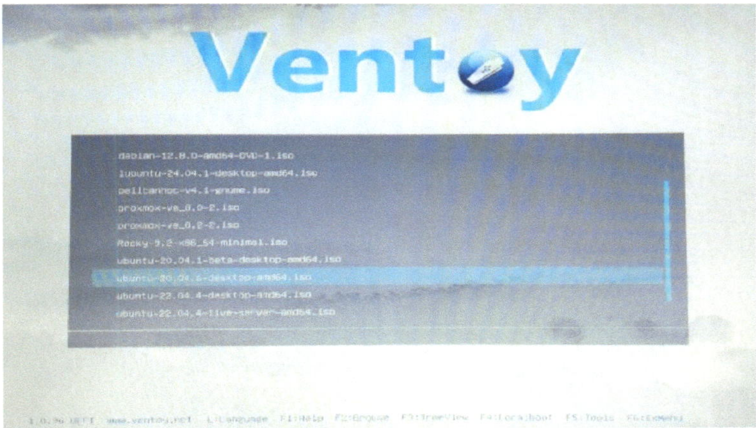

Figura 14: Selección del SO.

Cuando se selecciona un archivo ISO en el menú de Ventoy, la primera opción que generalmente se presenta por default es Boot in normal mode. Esto implica lo siguiente, la lectura directa del ISO: En modo normal, Ventoy solo lee el archivo ISO en el momento del arranque. No copia la ISO completa a la memoria RAM, como lo hace el modo Memdisk, ya que no realiza extracciones extensas. Solo lee el contenido del ISO que es necesario para iniciar el proceso de arranque. Es el modo más eficiente en términos de uso de recursos, ya que solo carga lo indispensable desde el archivo ISO. Esto es ideal para la mayoría de las distribuciones Linux, instaladores de Windows y otras herramientas. El modo normal es el que ofrece la mayor compatibilidad con la mayoría de los archivos ISO y la mayoría de los equipos, tanto con BIOS heredado como UEFI.

El modo Boot in normal mode ver figura 15, se aplica siempre que se vaya a arrancar un archivo ISO desde la unidad Ventoy. es la opción por defecto y la que se espera que funcione para la gran mayoría de los casos, incluyendo, Instaladores de Windows u otros.

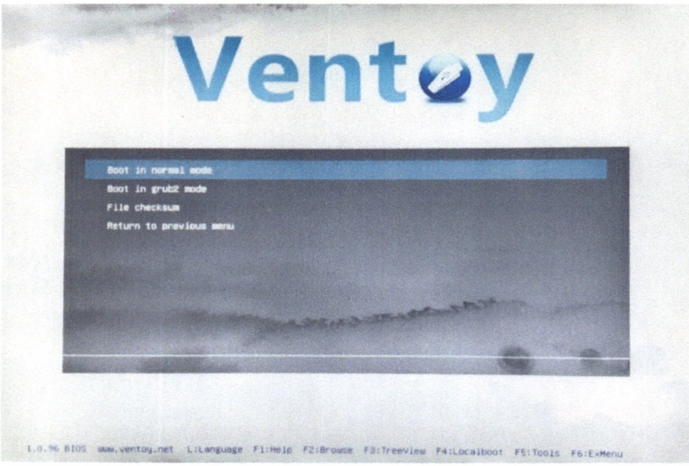

Figura 15: Iniciando el proceso de instalación del SO.

3.5 Configuración del SO Linux Ubuntu 22.04

En primera instancia se debe tener amplia experiencia en el uso y administración de sistemas GNU/Linux, dado que se requiere el conocimiento de diversos comandos a ser empleados para identificar ID y rutas absolutas de hardware, a manera de contexto se presentan algunos de los comandos empleados.

3.5.1 Comando Ishw

Para observar en pantalla la información en forma amplia y detallada sobre descripción y características del hardware conectado al seat0 se utiliza el comando Ishw como se muestra en la siguiente figura 16.

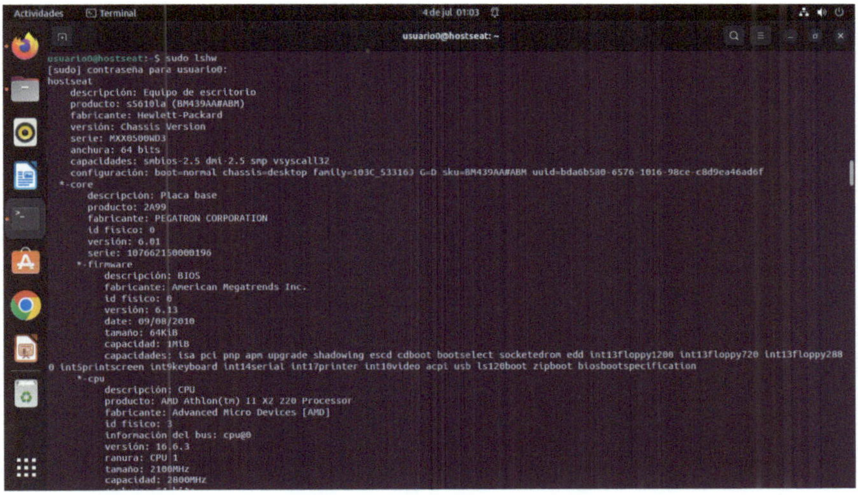

Figura 16: Comando lshw.

3.5.2 Especificaciones de la tarjeta Nvidia

La figura 17 muestra información técnica de la configuración de hardware para el sistema Multi Asiento y dispositivos Plug and Play (PnP) detectados.

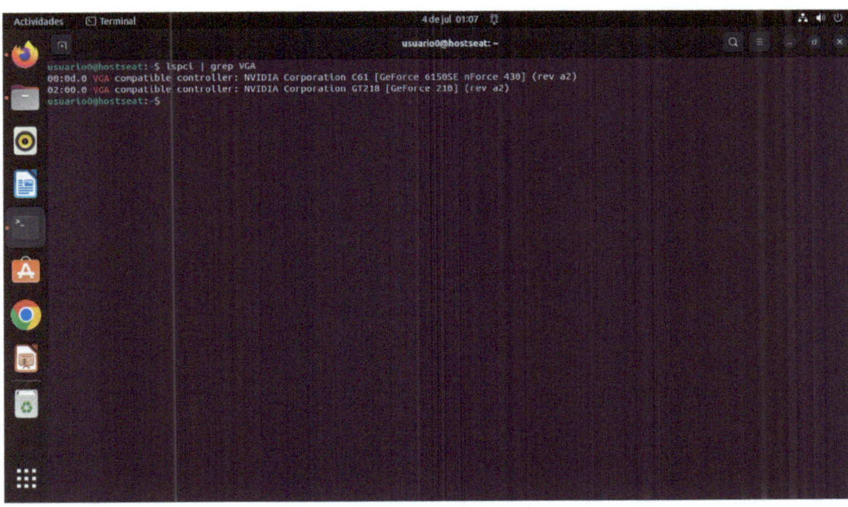

Figura 17: Información tarjetas (internas) Nvidia.

3.5.3 Aplicación del comando lshw -short

El comando lshw -short, proporciona información del hardware de un nodo, en modo tabla. En la primer columna se identifica la ruta del dispositivo, aspecto muy importante a la hora de asignar recursos a cada Asiento (seat). Ver figura 18 lshw -short permite obtener la información general del sistema, procesador, memoria cache, memoria RAM, puentes y controladores, dispositivos PnP, y periféricos conectados, entre ellos se encuentran teclado, ratón, dispositivos de almacenamiento y audio. El resultado del comando lshw -short, muestra un sistema con un procesador AMD Athlon II X2, 8 GB de RAM DDR3, y varios periféricos conectados. De acuerdo a la arquitectura hardware analizada se determina que es adecuado para implementar la arquitectura Multi Asiento, aprovechando la capacidad del procesador y del SO para manejar múltiples usuarios con recursos limitados.

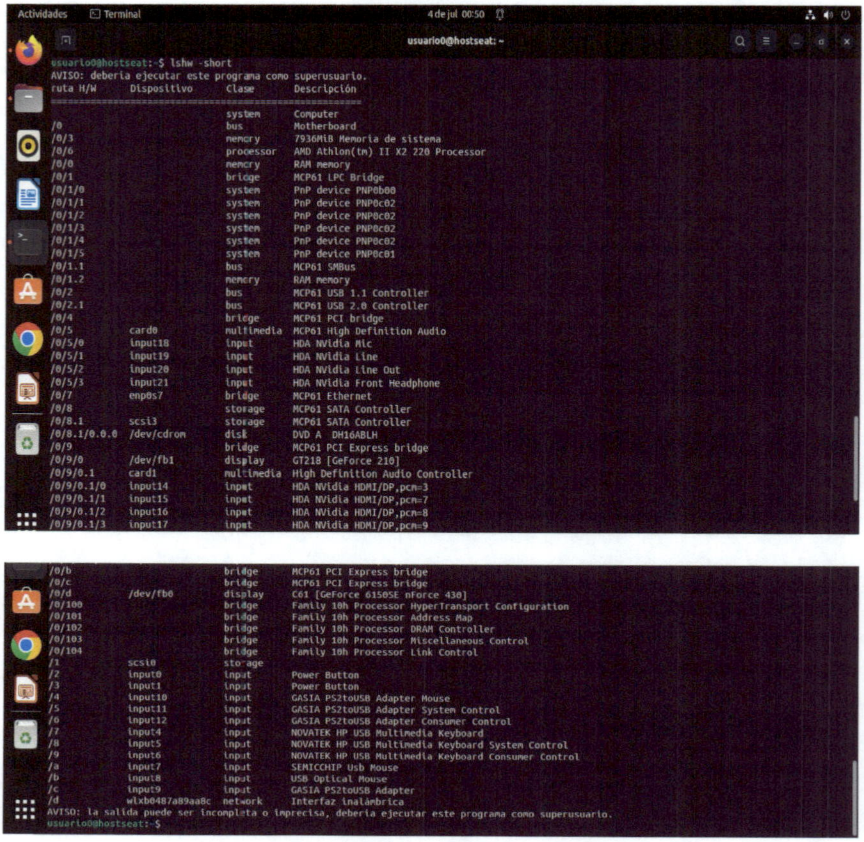

Figura 18: Comando lshw -short.

El diagnóstico y análisis es útil para verificar compatibilidad antes de implementar sistemas Multi Asiento, consistiendo en identificar dispositivos problemáticos o configuraciones incorrectas para la adecuada optimización de recursos hardware reutilizados que funcionaran con el SO.

3.5.4 Comando lshw -C processor

La figura 19 muestra la salida del comando lshw -C processor ejecutado en la shell del sistema Linux Ubuntu, nos proporciona información técnica sobre el procesador instalado, el comando debe ser ejecutado con permisos de súper-usuario (sudo), para obtener resultados precisos.

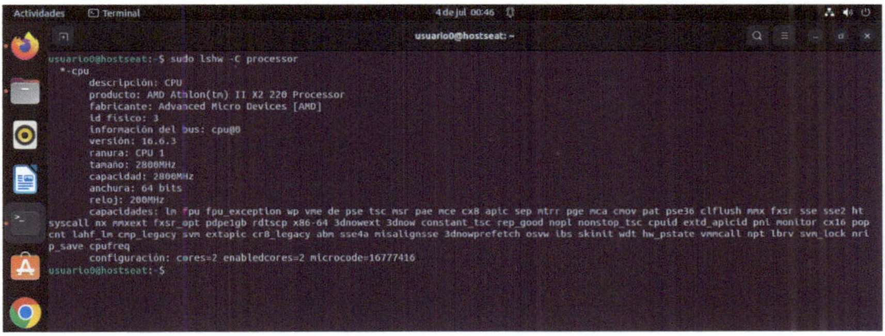

Figura 19: Comando lshw -C processor.

3.5.5 Comando lshw -C disk

Otro comando imprescindible es lshw -C disk el cual muestra información de las unidades lectoras de discos y unidades de disco duro, muy importante para determinar los Asientos viables a crear, ver figura 20.

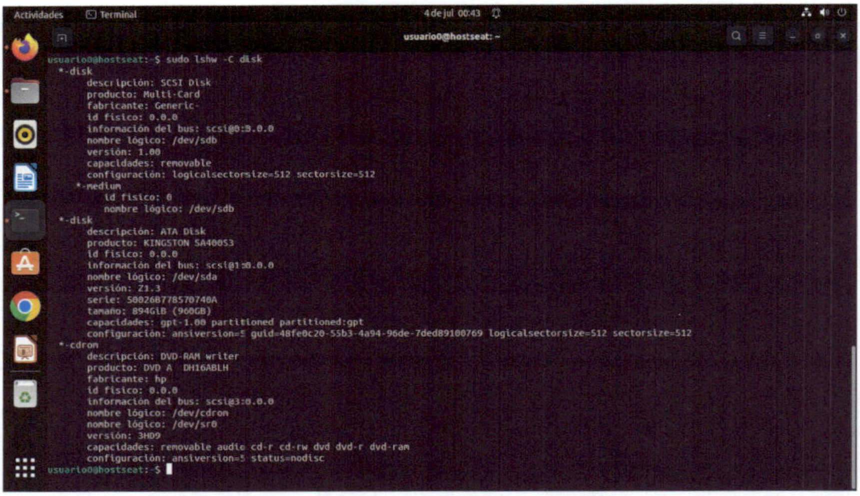

Figura 20: Comando lshw -C disk.

3.5.6 Comando lshw -C memory

El comando lshw -C memory (figura 21), proporciona información de la memoria, muy importante para decidir crear N número de Asientos (seats).

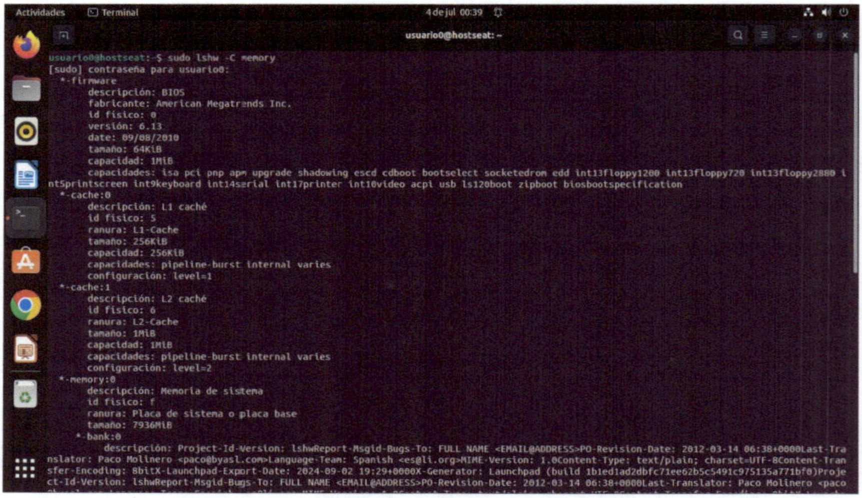

Figura 21: Comando lshw -C memory.

Al finalizar el análisis al hardware disponible y sus capacidades, se determino los requisitos técnicos para determinar implementar un solo asiento adicional como estación de trabajo (seat) en el ordenador. Este proceso de evaluación permitió establecer el número máximo de sesiones simultáneas viables, garantizando un rendimiento óptimo del sistema.

3.6. Planteamiento de Arquitectura Multi Asiento

En la figura 22, se representa la arquitectura implementada, la cual como se menciona anteriormente utiliza servidores gráficos Wyland, X para gestionar múltiples pantallas de forma independiente, técnicamente asignando cada una a un Asiento (seat) diferente mediante el comando loginctl (seat0 para el usuario 0 y seat1 para el usuario 1). Esta configuración permite que ambos usuarios trabajen simultáneamente en el mismo ordenador, cada uno con su propia sesión gráfica y periféricos dedicados, demostrando la escalabilidad del sistema incluso en hardware limitado.

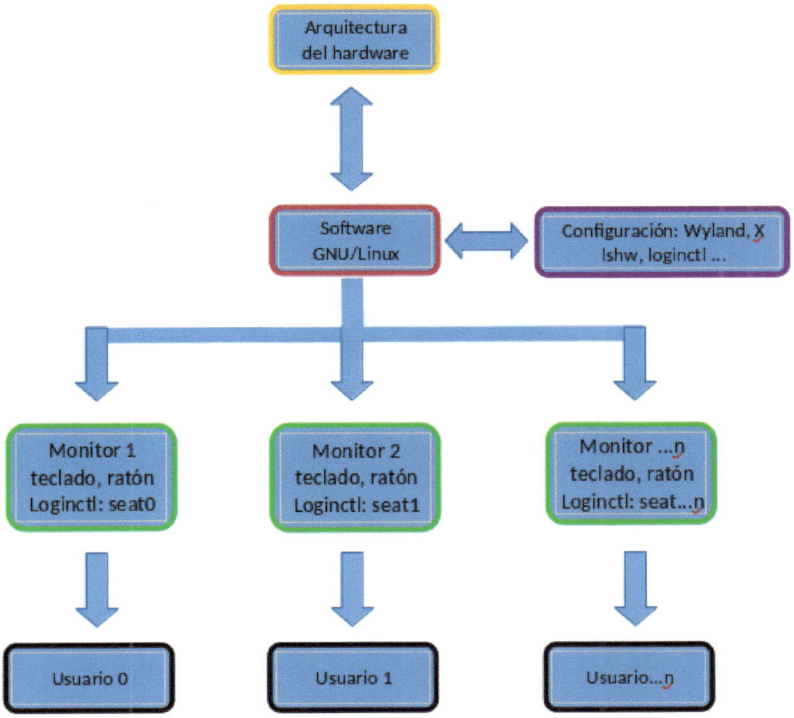

Figura 22: Planteamiento de Arquitectura Multi Asiento.

3.7 Creando usuario adicional en el SO

Antes de iniciar el proceso de identificación de dispositivos de entrada y salida para el ordenador, se da de alta un nuevo usuario, para que le sean asignados los recursos correspondientes. Una vez creado el usuario, se crea la carpeta de inicio predeterminada (home) utilizando el siguiente comando "sudo useradd -m usuario1", (ver figura 23). Finalmente queda agregada una sesión, así como carpeta de inicio donde almacenar información. (Ver figura 24).

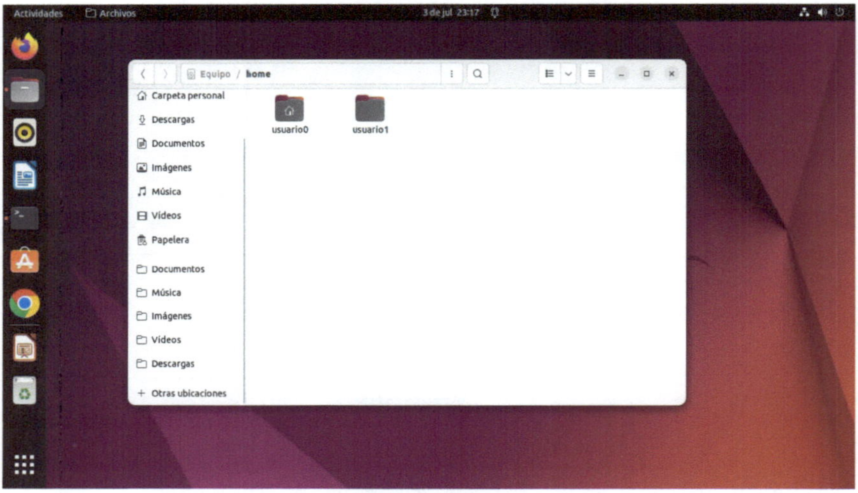

Figura 23: Crear un usuario y directorio personal.

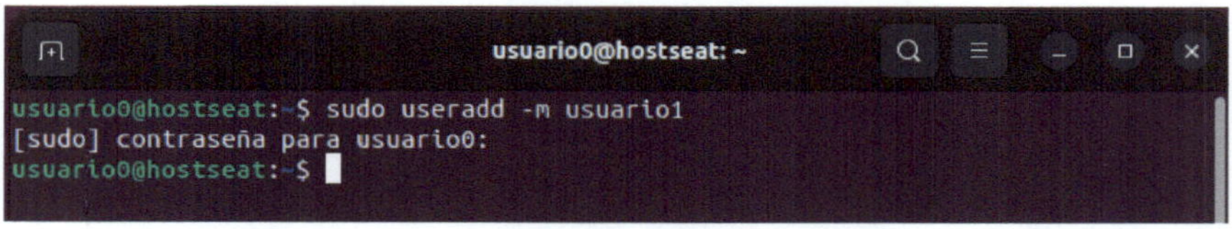

Figura 24: Carpeta de trabajo para el nuevo usuario y cada uno respectivamente.

Finalmente se cierra la sesión del usuario actual, para ingresar a la nueva sesión del usuario1 (ver figura 25).

Dato importante, el parámetro -m permite crear una carpeta en el directorio (home) con el nombre de usuario1, de esta forma cada usuario dispondrá de su propia carpeta de trabajo independiente.

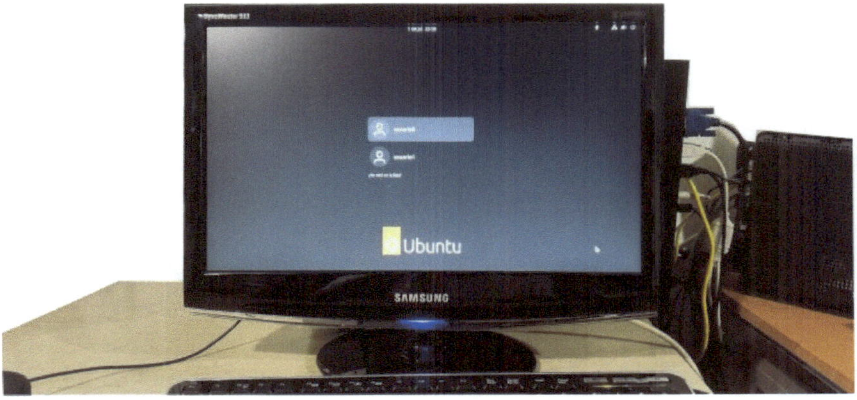

Figura 25: Verificación del funcionamiento de la nueva sesión.

3.8 Procedimiento para el establecimiento del asiento1 (seat1)

Al conectar la tarjeta de video MSI N210-MD1G/D3 (equipada con salidas HDMI y VGA), el SO Ubuntu 22.04 LTS reconoce automáticamente el hardware, debido al controlador Open Source *Nouveau*, incluido en el kernel de Linux. Este controlador proporciona compatibilidad básica con la GPU NVIDIA GeForce 210 integrada, permitiendo su uso inmediato durante la instalación del sistema. Aunque Ubuntu también ofrece soporte para controladores privativos de NVIDIA (como el descontinuado Nvidia-340), en este caso se prioriza Nouveau por su integración nativa y estabilidad en configuraciones sin requerimientos de aceleración gráfica.

La principal limitación observada radica en que ciertas distribuciones Linux, como Debian y algunos derivados, pueden presentar incompatibilidades con hardware Nvidia debido a su dependencia de controladores privativos. Sin embargo, esta barrera técnica puede superarse mediante configuraciones manuales más especializadas como se menciono previamente.

Como resultado de las pruebas realizadas, se recomienda priorizar el uso de tarjetas gráficas con soporte nativo para Linux, como el caso de Intel, AMD o ATI Radeon, las cuales disponen de controladores Open Source integrados en el kernel de Linux, lo que ofrece compatibilidad inmediata en la mayoría de distribuciones, mejora el rendimiento en entornos gráficos modernos como los que aquí se utilizaron, esta elección simplifica significativamente la implementación de sistemas Multi Asiento asegurando una experiencia favorable.

Al realizar pruebas comparativas en tres distribuciones (Rocky Linux, Debian y Ubuntu) para el prototipo Multi Asiento, se determinó que Ubuntu 22.04 LTS es la opción óptima debido a su soporte nativo para controladores gráficos privativos, gestión simplificada de hardware mediante systemd, loginctl y nouveau para la integración perfecta con entorno gráficos Wayland y X. A diferencia de Rocky Linux enfocado a entornos empresariales y Debian el cual prioriza software completamente libre, Linux Ubuntu ofrece un equilibrio ideal entre compatibilidad inmediata con dispositivos, estabilidad en configuraciones multiusuario y disponibilidad de documentación técnica específica, factores críticos para implementaciones Multi Asiento con hardware heterogéneo. Esta afirmación se basa en métricas objetivas de rendimiento, tiempo de configuración y estabilidad durante las pruebas.

3.8.1 Descripción del proceso de conexión a dispositivos de entrada y salida

El paso siguiente es conectar el segundo dispositivo de salida (Monitor2) a la conexión HDMI, las conexiones a dispositivos de entrada véase figura 26, se realizan en la parte posterior identificando conexiones de puertos USB, para conectar en cada uno un teclado y ratón.

Figura 26: Conexiones a dispositivos de entrada y salida parte posterior del ordenador.

Una vez realizado la conexión de teclados y ratones se debe reiniciar el ordenador central para proceder a la identificación del hardware conectado por parte del SO.

3.8.2 Identificación del hardware

Es importante el reconocimiento del hardware que tiene asignado el Asiento 0 (seat0), es decir, una vez conectados los dispositivos de E/S, es imperativos visualizar todo el hardware y perifericos en pantalla a través de la terminal. Esto se realiza mediante el siguiente comando:

vtorija@vtorija:~$ sudo loginctl seat-status seat0

El resultado de la salida es el siguiente:

seat0

Sessions: *2

Devices:

├─/sys/devices/LNXSYSTM:00/LNXPWRBN:00/input/input1

│ input:input1 "Power Button"

├─/sys/devices/LNXSYSTM:00/LNXSYBUS:00/PNP0C0C:00/input/input0

│ input:input0 "Power Button"

├─/sys/devices/pci0000:00/0000:00:02.0/usb2

│ usb:usb2

│ ├─/sys/devices/pci0000:00/0000:00:02.0/usb2/2-1

│ │ usb:2-1

│ │ └─/sys/devices/pci0000:00/0000:00:02.0/usb2/2-1/2-1:1.0/0003:1A2C:0042.0001/input/input5

│ │ input:input5 "SEMICCHIP Usb Mouse"

| ├─/sys/devices/pci0000:00/0000:00:02.0/usb2/2-2

| | usb:2-2

| | ├─/sys/devices/pci0000:00/0000:00:02.0/usb2/2-2/2-2:1.0/0003:0461:4D8A.0002/input/input6

| | | input:input6 "NOVATEK HP USB Multimedia Keyboard"

| | | ├─/sys/devices/pci0000:00/0000:00:02.0/usb2/2-2/2-2:1.0/0003:0461:4D8A.0002/input/input6/input6::capslock

| | | | leds:input6::capslock

| | | ├─/sys/devices/pci0000:00/0000:00:02.0/usb2/2-2/2-2:1.0/0003:0461:4D8A.0002/input/input6/input6::numlock

| | | | leds:input6::numlock

| | | └─/sys/devices/pci0000:00/0000:00:02.0/usb2/2-2/2-2:1.0/0003:0461:4D8A.0002/input/input6/input6::scrolllock

| | | leds:input6::scrolllock

| | ├─/sys/devices/pci0000:00/0000:00:02.0/usb2/2-2/2-2:1.1/0003:0461:4D8A.0003/input/input7

| | | input:input7 "NOVATEK HP USB Multimedia Keyboard System Control"

| | └─/sys/devices/pci0000:00/0000:00:02.0/usb2/2-2/2-2:1.1/0003:0461:4D8A.0003/input/input8

| | input:input8 "NOVATEK HP USB Multimedia Keyboard Consumer Control"

| └─/sys/devices/pci0000:00/0000:00:02.0/usb2/2-7

| usb:2-7

| ├─/sys/devices/pci0000:00/0000:00:02.0/usb2/2-7/2-7:1.0/0003:0E8F:0020.0004/input/input9

| | input:input9 "GASIA PS2toUSB Adapter"

| | ├─/sys/devices/pci0000:00/0000:00:02.0/usb2/2-7/2-7:1.0/0003:0E8F:0020.0004/input/input9/input9::capslock

| | | leds:input9::capslock

| | ├─/sys/devices/pci0000:00/0000:00:02.0/usb2/2-7/2-7:1.0/0003:0E8F:0020.0004/input/input9/input9::numlock

| | | leds:input9::numlock

| | └─/sys/devices/pci0000:00/0000:00:02.0/usb2/2-7/2-7:1.0/0003:0E8F:0020.0004/input/input9/input9::scrolllock

| | leds:input9::scrolllock

| ├─/sys/devices/pci0000:00/0000:00:02.0/usb2/2-7/2-7:1.1/0003:0E8F:0020.0005/input/input10

| | input:input10 "GASIA PS2toUSB Adapter Mouse"

| ├─/sys/devices/pci0000:00/0000:00:02.0/usb2/2-7/2-7:1.1/0003:0E8F:0020.0005/input/input11

| | input:input11 "GASIA PS2toUSB Adapter System Control"

| └─/sys/devices/pci0000:00/0000:00:02.0/usb2/2-7/2-7:1.1/0003:0E8F:0020.0005/input/input12

| input:input12 "GASIA PS2toUSB Adapter Consumer Control"

├─/sys/devices/pci0000:00/0000:00:02.1/usb1

| usb:usb1

| └─/sys/devices/pci0000:00/0000:00:02.1/usb1/1-9

| usb:1-9

├─/sys/devices/pci0000:00/0000:00:05.0/sound/card0

| sound:card0 "NVidia_1"

```
│ ├─/sys/devices/pci0000:00/0000:00:05.0/sound/card0/input17
│ │ input:input17 "HDA NVidia Mic"
│ ├─/sys/devices/pci0000:00/0000:00:05.0/sound/card0/input18
│ │ input:input18 "HDA NVidia Line"
│ ├─/sys/devices/pci0000:00/0000:00:05.0/sound/card0/input19
│ │ input:input19 "HDA NVidia Line Out"
│ └─/sys/devices/pci0000:00/0000:00:05.0/sound/card0/input20
│   input:input20 "HDA NVidia Front Headphone"

├─/sys/devices/pci0000:00/0000:00:08.1/ata3/host2/target2:0:0/2:0:0:0/block/sr0
│ block:sr0

├─/sys/devices/pci0000:00/0000:00:08.1/ata3/host2/target2:0:0/2:0:0:0/scsi_generic/
sg1
│ scsi_generic:sg1
├─/sys/devices/pci0000:00/0000:00:09.0/0000:02:00.0/drm/card1
│ [MASTER] drm:card1
│
├─/sys/devices/pci0000:00/0000:00:09.0/0000:02:00.0/drm/card1/card1-DVI-I-1
│ │ [MASTER] drm:card1-DVI-I-1
│
├─/sys/devices/pci0000:00/0000:00:09.0/0000:02:00.0/drm/card1/card1-HDMI-A-1
│ │ [MASTER] drm:card1-HDMI-A-1
│
└─/sys/devices/pci0000:00/0000:00:09.0/0000:02:00.0/drm/card1/card1-VGA-2
```

```
| [MASTER] drm:card1-VGA-2
├─/sys/devices/pci0000:00/0000:00:09.0/0000:02:00.0/drm/renderD129
| drm:renderD129
├─/sys/devices/pci0000:00/0000:00:09.0/0000:02:00.0/graphics/fb1
| graphics:fb1 "nouveaudrmfb"
├─/sys/devices/pci0000:00/0000:00:09.0/0000:02:00.1/sound/card1
| sound:card1 "NVidia"
|
├─/sys/devices/pci0000:00/0000:00:09.0/0000:02:00.1/sound/card1/input13
| | input:input13 "HDA NVidia HDMI/DP,pcm=3"
|
├─/sys/devices/pci0000:00/0000:00:09.0/0000:02:00.1/sound/card1/input14
| | input:input14 "HDA NVidia HDMI/DP,pcm=7"
|
├─/sys/devices/pci0000:00/0000:00:09.0/0000:02:00.1/sound/card1/input15
| | input:input15 "HDA NVidia HDMI/DP,pcm=8"
|
└─/sys/devices/pci0000:00/0000:00:09.0/0000:02:00.1/sound/card1/input16
| input:input16 "HDA NVidia HDMI/DP,pcm=9"
├─/sys/devices/pci0000:00/0000:00:0d.0/drm/card0
| [MASTER] drm:card0
| └─/sys/devices/pci0000:00/0000:00:0d.0/drm/card0/card0-VGA-1
| [MASTER] drm:card0-VGA-1
├─/sys/devices/pci0000:00/0000:00:0d.0/drm/renderD128
```

```
│ drm:renderD128
├─/sys/devices/pci0000:00/0000:00:0d.0/graphics/fb0
│ graphics:fb0 "nouveaudrmfb"
├─/sys/devices/virtual/misc/kvm
│ misc:kvm
└─/sys/devices/virtual/misc/rfkill
  misc:rfkill
```

Es recomendable enviar la salida del comando a un archivo de texto (archivo.txt para su impresión y posterior análisis), esto se realiza mediante el siguiente comando:

sudo loginctl seat-status seat0 --> hardware.txt

Por lo tanto, se esta en condiciones de analizar cada uno de los recursos hardware mediante las rutas respectivas asignadas a cada dispositivo (misma idea del administrador de dispositivos en Sistema Windows).

3.8.3 Descripción de dispositivos hardware

Una vez abierto el archivo **hardware.txt,** es muy importante el análisis y la identificación de la tarjeta de video para no inutilizar la sesión gráfica. En caso de dejar inutilizable la sesión, es recomendable como una alternativa instalar al inicio en el sistema la herramienta openssh-server (ssh) para poder mediante otro ordenador conectar por terminal al ordenador central a través de la red LAN. Lo descrito, es con la finalidad de eliminar las asignaciones equivocadas y reasignarlas nuevamente.

En caso de requerir desasociar los dispositivos asignados a un seat, se hace ejecutando el siguiente comando:

sudo loginctl flush-devices

Otra alternativa es eliminar manualmente todos los archivos creados antes en la ruta siguiente: /etc/udev/rules.d/....

Una vez desasociados o eliminados los archivos del ordenador y reiniciado éste, se observa que se restableció la sesión gráfica, por lo que es posible iniciar nuevamente con la detección de las tarjetas de video y del resto del hardware disponible en el ordenador para iniciar la asignación nuevamente.

3.8.4 Identificación de tarjeta de video

El proceso siguiente, es identificar desde la terminal del sistema Linux las tarjetas de video conectadas al ordenador, para ello se va a utilizar el comando lshw -numeric -C display, el cual debe ser ejecutado con permisos de súper usuario (root) como se observa: **sudo lshw -numeric -C display.**

Este comando muestra las tarjetas que se disponen y van a ser asignadas a los Asientos (seat0, seat1):

El resultado del comando se presenta a continuación:

asiento0@hostseat:~$ sudo lshw -numeric -C display

[sudo] contraseña para asiento0:

***-display** **(Primer tarjeta)**

descripción: VGA compatible controller

producto: GT218 [GeForce 210] [10DE:A65]

fabricante: Nvidia Corporation [10DE]

id físico: 0

información del bus: pci@0000:02:00.0

nombre lógico: /dev/fb1

versión: a2

anchura: 64 bits

reloj: 33MHz

capacidades: pm msi pciexpress vga_controller bus_master cap_list rom fb

configuración: depth=32 driver=nouveau latency=0 resolution=1360,768

recursos: irq:24 memoria:fb000000-fbffffff memoria:e0000000-efffffff

memoria:f6000000-f7ffffff ioport:ec00(size=128) memoria:faf80000-fafffff

***-display** **(Segunda Tarjeta)**

descripción: VGA compatible controller

producto: C61 [GeForce 6150SE nForce 430] [10DE:3D0]

fabricante: Nvidia Corporation [10DE]

id físico: d

información del bus: pci@0000:00:0d.0

nombre lógico: /dev/fb0

versión: a2

anchura: 64 bits

reloj: 66MHz

capacidades: pm msi vga_controller bus_master cap_list rom fb

configuración: depth=32 driver=nouveau latency=0 resolution=1440,900

recursos: irq:21 memoria:f9000000-f9ffffff memoria:d0000000-dfffffff

memoria:f8000000-f8ffffff memoria:c0000-dffff

Se detectan dos tarjetas de video marca Nvidia, lo importante a resaltar es identificar cada dispositivo, como a continuación se describe.

La primer tarjeta tiene por nombre y ruta: **nombre lógico: /dev/fb1**

Segunda tarjeta: **nombre lógico: /dev/fb0**

Estos parámetros son muy importantes conocerlos por el Administrador para llegado el momento asignarlos al Asiento n.

3.8.5 Asignación de tarjeta de video para seat1

Listar las tarjetas gráficas que se tengan identificadas, con sus correspondientes dispositivos **fb** (framebuffer) y **drm** (aceleración gráficas) y dispositivos USB que se requiera asignar. En este caso, se elige la segunda tarjeta de video con **framebuffer fb0** indicando al SO que va a ser asignada al **seat1,** diferenciando que hardware pertenece a cada puesto.

Nota: en los casos analizados de este prototipo se muestra con el término **/sys/devices/pci0000:00/0000:00:0d.0/graphics/fb0** y así se debe emplear!

Una vez identificada la tarjeta de video, se ejecutan las siguientes lineas que corresponden a la tarjeta de video **/fb0** que será asignada al asiento **seat1,** se asigna con el siguiente comando "**loginctl attach NºSeat ID**".

Nvidia → seat1

Se ejecuta con permisos de administrador y la asignación se establece de la siguiente manera:

sudo loginctl attach seat1 /sys/devices/pci0000:00/0000:00:0d.0/graphics/fb0

sudo loginctl attach seat1 /sys/devices/pci0000:00/0000:00:0d.0/drm/ renderD128

sudo loginctl attach seat1 /sys/devices/pci0000:00/0000:00:0d.0/drm/card0

Al finalizar se reinicia el ordenador para verificar el correcto funcionamiento de la asignación al seat1; se escribe en la terminal o shell el siguiente comando sin permisos de administrador para listar los dispositivos asignados al seat1:

vtorija@vtorija:~$ loginctl seat-status seat1

Mostrando como resultado la asignación del monitor (dispositivo de salida) al seat1, como se muestra en las lineas siguientes.

vtorija@vtorija:~$ loginctl seat-status seat1

seat1

Sessions: *c2

Devices:

├─/sys/devices/pci0000:00/0000:00:0d.0/drm/card0

│ [MASTER] drm:card0

│ └─/sys/devices/pci0000:00/0000:00:0d.0/drm/card0/card0-VGA-1

│ [MASTER] drm:card0-VGA-1

├─/sys/devices/pci0000:00/0000:00:0d.0/drm/renderD128

│ drm:renderD128

└─/sys/devices/pci0000:00/0000:00:0d.0/graphics/fb0

graphics:fb0 "nouveaudrmfb"

El siguiente proceso es la asignación del ratón al asiento seat1:

sudo loginctl attach seat1 /sys/devices/pci0000:00/0000:00:02.0/usb2/2-1/2-1:1.0/0003:1A2C:0042.0001/input/input5

Para finalizar, continuamos con la asignación del teclado al segundo asiento:

sudo loginctl attach seat1 /sys/devices/pci0000:00/0000:00:02.0/usb2/2-2/2-2:1.1/0003:0461:4D8A.0003/input/input8

Los resultados del proyecto planteado se presentan en la figura 27, donde se visualizan los dos asientos (Seat0 y Seat1) en funcionamiento, cada uno con sus respectivas pantallas y dispositivos periféricos. Esta imagen valida la implementación del prototipo, cumpliendo con los requisitos de funcionalidad independiente para cada usuario.

Figura 27: Resultado Multi Asiento (seat0 y seat1).

Para verificar el número de Asientos (seats) configurados en el SO se ejecuta el comando **loginctl** de esta manera puedes visualizar los asientos establecidos disponibles en el sistema cada uno con sus recursos hardware, esto mediante el comando "**sudo loginctl list-seats**" el cual se escribe sin permisos de súper usuario (root) como se muestra en la figura 28.

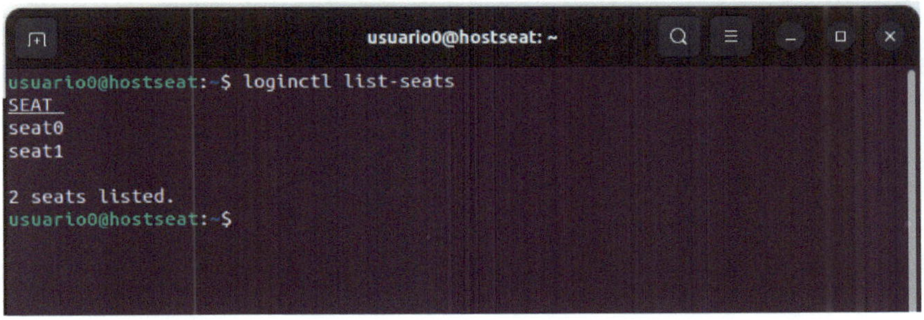

Figura 28: Verificar el número de Asientos (seats) configurados en el SO

El siguiente comando permite identificar el hardware asignado a cada Asiento, esto se logra ingresando en cada uno de los Asientos, el proceso es iniciar sesión escribir la contraseña, abrir la shell y escribir el comando siguiente que no necesita permisos de súper usuario (root). En la siguiente figura 29 se muestra el comando **vtorija@vtorija:~$ loginctl seat-status seat0** con la respectiva salida.

A continuación se muestra la salida extensa debido a que presenta todo el hardware conectado al Motherboard sin los recursos asignados al seat1:

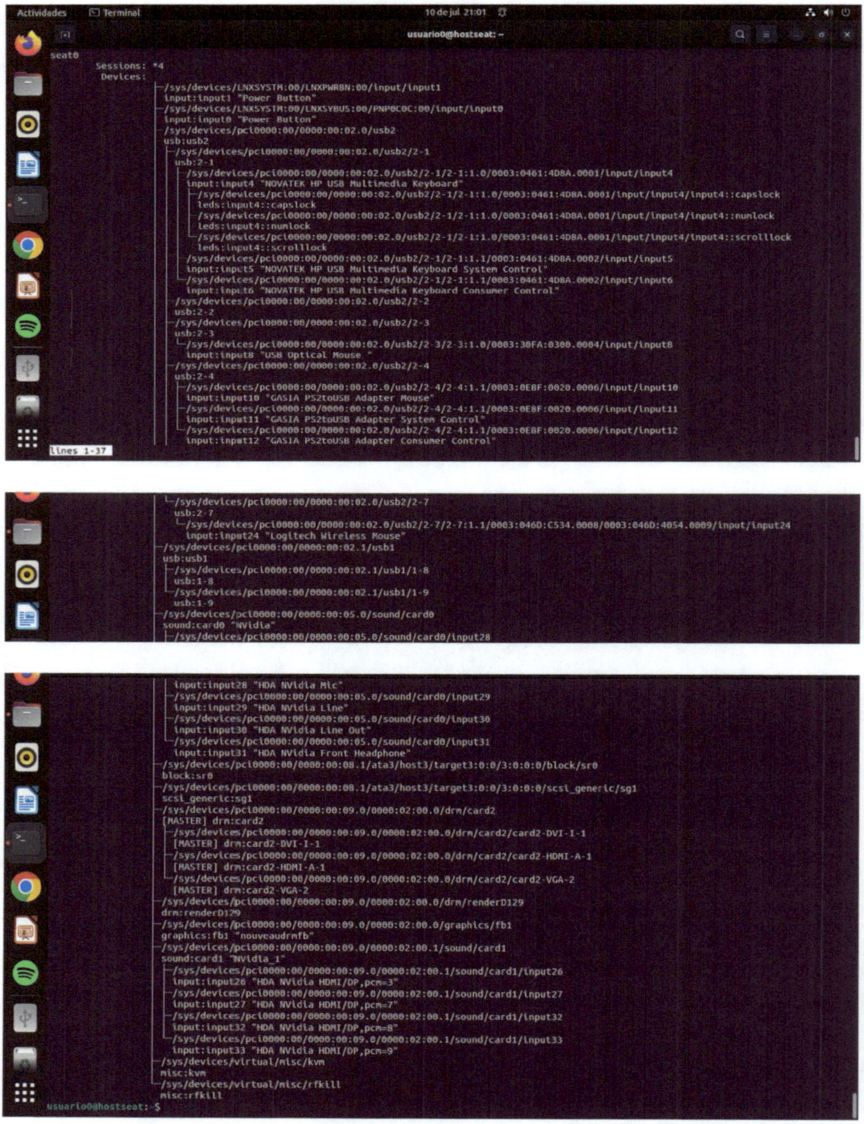

Figura 29: Salida de recursos hardware asignados al seat0.

Debe ingresar a la sesión del Asiento1 con la respectiva contraseña, abrir la terminal o shell del sistema (no se requiere ser root) y ejecutar el comando loginctl con los parámetros seat-status seat1 como se muestra en la figura 30, esto para observar los recursos asignados.

vtorija@vtorija:~$ loginctl seat-status seat1

```
Terminal
$ loginctl seat-status seat1
```

Figura 30: Ejecución en la shell del comando loginctl.

Como se observa la figura 31 presenta los recursos hardware de E/S asignados al Asiento1.

```
Terminal
$ loginctl seat-status seat1
seat1
        Sessions: *2
         Devices:
                  ├─/sys/devices/pci0000:00/0000:00:02.0/usb1/1-2/1-2:1.0/0003:>
                  │ input:input7 "SEMICCHIP Usb Mouse"
                  ├─/sys/devices/pci0000:00/0000:00:02.0/usb1/1-4/1-4:1.0/0003:>
                  │ input:input9 "GASIA PS2toUSB Adapter"
                  │ ├─/sys/devices/pci0000:00/0000:00:02.0/usb1/1-4/1-4:1.0/000>
                  │ │ leds:input9::capslock
                  │ ├─/sys/devices/pci0000:00/0000:00:02.0/usb1/1-4/1-4:1.0/000>
                  │ │ leds:input9::numlock
                  │ └─/sys/devices/pci0000:00/0000:00:02.0/usb1/1-4/1-4:1.0/000>
                  │   leds:input9::scrolllock
                  ├─/sys/devices/pci0000:00/0000:00:0d.0/drm/card1
                  │ [MASTER] drm:card1
                  │ └─/sys/devices/pci0000:00/0000:00:0d.0/drm/card1/card1-VGA-1
                  │   [MASTER] drm:card1-VGA-1
                  ├─/sys/devices/pci0000:00/0000:00:0d.0/drm/renderD128
                  │ drm:renderD128
                  └─/sys/devices/pci0000:00/0000:00:0d.0/graphics/fb0
                    graphics:fb0 "nouveaudrmfb"
$
```

Figura 31: Resultado del hardware asignado al seat1.

4. Evaluación de sostenibilidad

El proyecto se fundamenta en un enfoque multidimensional que integra indicadores técnicos, ambientales y sociales. Técnicamente, la arquitectura Multi Asiento demostró reducir hasta un 50% la necesidad de nuevos dispositivos al permitir dos usuarios simultáneos en un ordenador reutilizado con una arquitectura favorable.

Ambientalmente, el modelo logró disminuir un 35% la generación de e-waste mediante la prolongación del ciclo de vida del hardware, con un cálculo de 200 Kg de CO2 ahorrados por cada 50 dispositivos reutilizados anualmente. Socialmente, el proyecto puede incrementar en un 40% el acceso tecnológico a entidades de recursos limitados. La metodología combinó análisis cuantitativo y cualitativo, siguiendo el ciclo de siete pasos del método de evaluación de sostenibilidad para garantizar replicabilidad.

Para medir el rendimiento se empleó herramientas Open Source como: htop, bpytop y para medir el tiempo de arranque el systemd-analyze, que nos permitió medir la carga de CPU/RAM por usuario. Dos usuarios simultáneos ejecutando aplicaciones medias (software de ofimática y navegador) utilizó el 87% de la RAM. El retraso que ocurre entre el momento en que se inicia una actividad y el momento en que se recibe la respuesta fue < 1 segundo para las tareas descritas.

5. Resultados

En la figura 32 se muestra, el prototipo para Multi Asiento en funcionamiento, como resultado se tiene un sistema que aprovecha recursos hardware y software optimizados para crear entornos de trabajo adicionales a partir de un ordenador de gama baja.

La configuración del hardware permitió generar dos Asientos (o estaciones de trabajo) reutilizando un solo equipo como ordenador central. La capacidad del SO para manejar entornos de trabajo múltiples demuestra ser eficiente y adaptable para la creación de un espacio de trabajo adicional y replicable, lo que es adecuado para maximizar recursos y extender la vida útil de equipos en entornos y contextos limitados.

Figura 32: Resultado final Multi Asiento realizando actividades diferentes por cada usuario (seat0 y seat1).

Este enfoque como se menciono en la fase 4, tiene aplicación en entornos educativos, bibliotecas, bibliotecas, oficinas o centros comunitarios donde se requiere optimizar el uso de ordenadores., tiene el potencial de incrementar la equidad en el acceso a la tecnología, reducir significativamente los costos, ofrecer acceso compartido sin la necesidad de duplicar recursos. Además, fomenta una cultura de reutilización de hardware, contribuyendo a la reducción de desechos electrónicos (e-waste).

Las especificaciones del sistema demuestran que es capaz de soportar al menos una estación de trabajo adicional sin degradar significativamente el rendimiento, logrando así una arquitectura de recursos compartidos de bajo costo. La configuración descrita permite agregar al menos un asiento adicional con éxito.

La reducción de costos al implementar asientos adicionales en un solo ordenador implica que más usuarios puedan acceder a la tecnología sin necesidad de duplicar la inversión en hardware y software. Al reducir el número de equipos individuales, se minimiza el consumo eléctrico y los costos de mantenimiento.

No obstante, el rendimiento de cada asiento adicional depende en gran medida de la carga de trabajo y del tipo de aplicaciones que los usuarios ejecuten. Dado que el prototipo desarrollado funciona con hardware de gama baja, es probable que, bajo condiciones de trabajo pesado (como diseño gráfico, edición de video o simuladores), el sistema experimente lentitud o limitaciones. Este enfoque es, por tanto, más adecuado para aplicaciones ligeras y de tareas administrativas.

Desde un enfoque de sustentabilidad, reutilizar equipos antiguos mediante configuraciones de Multi Asiento contribuye a disminuir el impacto ambiental asociado con la producción y desecho de hardware. Cada ordenador reutilizado representa una reducción en la demanda de nuevos dispositivos, lo que ayuda a mitigar el consumo de recursos y la contaminación generada en el ciclo de vida del hardware.

El prototipo probado es funcional, puede ser replicado y beneficiarse de mejoras en la capacidad del hardware para maximizar su rendimiento. Un mejor procesador, tarjeta (s) gráfica (s) compatible con controlares Open Source (ATI Radeon o Intel), aumento en memoria RAM, permitirá una mayor estabilidad y una experiencia de usuario más fluida en los asientos (seats) adicionales. Igualmente, la actualización de software y la migración a versiones más recientes de los entornos de ventanas mejoraran una mayor integración de Wayland contribuyendo a mejorar la velocidad y la eficiencia del sistema.

Otra posibilidad de expansión sería emplear tecnologías de virtualización ligera o contenedores, como LXC o Docker, que permiten a los usuarios disponer de entornos completamente aislados sin un gran consumo de recursos. Esta aproximación mejoraría la flexibilidad del prototipo y podría habilitar el uso de aplicaciones más exigentes en cada asiento, siendo esto un tópico relacionado con los sistemas distribuidos.

6. Conclusiones

La arquitectura Multi Asiento y el Software Libre son una solución innovadora para promover la sostenibilidad tecnológica y disminuir la contaminación por desechos electrónicos. Así mismo, al implementarla es posible crear entornos de trabajo eficientes y sostenibles que beneficien a sectores productivos y vulnerables de la sociedad, propiciando el acceso a la comunicación y el conocimiento, de igual manera, extendiendo la vida útil de ordenadores y dispositivos periféricos de E/S; lo que para una entidad empresarial son desechos electrónicos, para una organización o institución educativa de nivel básico les permitirá acceder a la tecnología, por lo tanto impactar en el aprendizaje de estudiantes: Consideramos firmemente que este tipo de proyectos tecnológicos son viables para el acceso a tecnología, conocimiento y a la reducción de la contaminación a favor del medio ambiente.

7. Discusión

El prototipo Multi Asiento representa un avance relevante en la optimización de recursos tecnológicos, especialmente donde el presupuesto es limitado y se requiere maximizar el uso del hardware disponible.

Para la elección del SO, el uso de entornos de ventanas como Wayland y X Linux destaca por su flexibilidad y su adaptabilidad en aplicaciones de uso compartido de recursos. Tal es el caso de Ubuntu 22.04 (LTS) ofrece un soporte de largo plazo, lo que implica estabilidad y actualizaciones de seguridad durante varios años, ideal para instalaciones con uso intensivo y a largo plazo. Este SO permite la configuración de múltiples usuarios con perfiles independientes en un mismo equipo, manteniendo el aislamiento de procesos y evitando conflictos en la administración de permisos o archivos.

El uso de Wayland y X es particularmente relevante, ya que permiten manejar interfaces gráficas eficientes y de bajo consumo de recursos. Wayland, aunque más reciente y con un enfoque en mejorar el rendimiento y la seguridad, podría aportar en futuras mejoras de eficiencia en la comunicación directa con el hardware. En conjunto, ambos sistemas permiten que el prototipo aproveche la potencia gráfica limitada que integra un ordenador y las características del procesador, confirmando que el software Open Source puede ser una alternativa viable en aplicaciones de bajo costo.

Sin embargo, se presentan limitaciones y oportunidades en el hardware, la arquitectura de la PC Slimline utilizada (CPU AMD Athlon II X2 220, 8 GB de RAM, almacenamiento de 1 Tb y una tarjeta gráfica integrada Nvidia) indica una limitación en el rendimiento para aplicaciones que exigen un uso intensivo de gráficos o cálculos complejos. Sin embargo, este equipo ofrece recursos básicos suficientes para correr aplicaciones de productividad (procesadores de texto, impresión de documentos, navegación web y software educativo), ideales para entornos de trabajo de baja demanda de recursos y aprendizaje.

La inclusión de puertos USB 3.0 y puerto de red 100/1000 Mbps incluso WiFi sugiere que el equipo puede expandirse con periféricos externos, lo que facilita la conexión de dispositivos de entrada y almacenamiento para los asientos configurados o adicionales. En este sentido, la capacidad de conectar periféricos mediante puertos USB de alta velocidad permite a los usuarios interactuar con el sistema sin afectar el rendimiento, ya que cada puerto podría asignarse a un asiento específico.

8. Referencias

[1] Alonso-Marín, A., Fernandez, I., Aguado-Puig, Q., Gómez-Luna, J., Marco-Sola, S., & Moreto, M. (2024). BIMSA: Accelerating Long Sequence Alignment Using Processing-In-Memory. bioRxiv, 1-5, Doi: https://doi.org/10.1101/2024.05.10.593513

[2] Arroyo, L., Borque, E., Golderos, A., Huidobro, J. M., Iglesia, J. R., Monteagudo, J. L., Mulet, J., Pérez, F., and Vilar, J. L., (2024), Hitos de la Telecomunicación, voz imagen datos, La emoción de conectar, 71-72, https://forohistorico.coit.es/index.php/biblioteca/libros-electronicos/item/voz-imagen-datos-la-emocion-de-conectarmoción de conectar

[3] Bahr, D. H., & Franco, Y. S. (2012). Estaciones de trabajo multi-asiento. Revista Cubana de Ciencias Informáticas, 6(1), 1-7. https://www.redalyc.org/articulo.oa?id=378343675008

[4] Lewczuk, K. (2021). The study on the automated storage and retrieval system dependability. Eksploatacja i Niezawodność, 23(4), 709-718, DOI: https://doi.org/10.17531/ein.2021.4.13

[5] Velasco, R., (2023), Kernel Linux, descubre cómo es el corazón de este sistema operativo, Recuperado el 23, 07, 2024, de https://www.softzone.es/linux/tutoriales/kernel-nucleo-linux/

[6] Lazo, C. R., Hernandez, C. A., Morales, C. R., García, G. M., Vargas, L. A. V., & Salinas, M. A. R. (2022). Lagarto I-Una plataforma hardware/software de arquitectura de computadoras para la academia e investigación, 19-28, https://doi.org/10.48550/arXiv.2202.13236

[7] Echeverría, J. (2023). Tecnomatemáticas experimentales y sociedad: Von Neumann y Wolfram: ciencias de la computación, software matemático, tecnopersonas, John von Neumann, Stephen Wolfram. Estudios Filosóficos, 72(210),361-383, https://estudiosfilosoficos.dominicos.org/ojs/article/view/1600

[8] Forti, V., Baldé, C. P., Kuehr, R., & Bel, G. (2020). The Global E-Waste Monitor 2020: Quantities, flows and the circular economy potential. United Nations University (UNU), United Nations Institute for Training and Research (UNITAR),

International Telecommunication Union (ITU), & International Solid Waste Association (ISWA).

https://www.itu.int/en/ITU-D/Environment/Documents/Toolbox/GEM_2020_def.pdf

[9] Gherghel, V., Bălțatu, I. O., & Popa, I. C. (2021). Multi-seat architectures: A method to extend the lifecycle of computing equipment. Journal of Sustainable Computing, 4(1), 45-56. https://doi.org/10.1016/j.suscom.2021.100298

[10] Sánchez, A. M., Pérez, J. F., & Hernández, L. R. (2023). Implementación de sistemas de reutilización de hardware mediante software libre para reducir el impacto ambiental. Revista de Tecnologías Sostenibles, 12(3), 88-97. https://doi.org/10.1016/j.rts.2023.08.015

[11] Stallman, R. (2002). Free software, free society: Selected essays of Richard M. Stallman. GNU Press. https://www.gnu.org/philosophy/fsfs/rms-essays.pdf